Mi puesto de limonada

Patrones numéricos

Andrew Einspruch

Créditos de publicación

Editor
Peter Pulido

Editora asistente
Katie Das

Directora editorial
Emily R. Smith, M.A.Ed.

Redactora gerente
Sharon Coan, M.S. Ed.

Directora creativa
Lee Aucoin

Editora comercial
Rachelle Cracchiolo, M.S.Ed.

Créditos de fotos

El autor y la compañía editorial desean agradecer y dar crédito o reconocimiento a lo siguiente por haber otorgado permiso para reproducir material con derecho de autor: portada Pearson Education Australia/Alice McBroom Photography; p.1 Big Stock Photo, p.4 Shutterstock; p.5 Pearson Education Australia/Alice McBroom Photography; p.6 (superior izquierdo, superior derecho, centro y fondo derecho) Big Stock Photo; p.6 (fondo izquierdo) 123 Royalty Free; p.8 (superior izquierdo, medio izquierdo y fondo) Big Stock Photo; p.8 (superior derecho) 123 Royalty Free; p.8 (medio derecho) Pearson Education Australia/Alice McBroom Photography; p.9 (superior) iStock Photo; p.9 (fondo) Pearson Education Australia/Alice McBroom Photography; p.10 iStock Photo; p.11 Pearson Education Australia/Alice McBroom Photography; p.12 Pearson Education Australia/Alice McBroom Photography; p.14 (superior) iStock Photo; p.14–15 Pearson Education Australia/Alice McBroom Photography; p.16 (superior) Photodisc; p.16 (fondo) Pearson Education Australia/Alice McBroom Photography; p.18 Pearson Education Australia/Alice McBroom Photography; p.20 Pearson Education Australia/Alice McBroom Photography; p.22 Pearson Education Australia/Alice McBroom Photography; p.23 iStock Photo; p.24 Pearson Education Australia/Alice McBroom Photography; p.26 Pearson Education Australia/Alice McBroom Photography; p.27 Big Stock Photo; p.28 Big Stock Photo; p.29 Shutterstock

Aunque se ha tomado mucho cuidado en identificar y reconocer el derecho de autor, los editores se disculpan por cualquier apropiación indebida cuando no se haya podido identificar el derecho de autor. Estarían dispuestos a llegar a un acuerdo aceptable con el propietario correcto en cada caso.

Teacher Created Materials

5301 Oceanus Drive
Huntington Beach, CA 92649-1030
http://www.tcmpub.com
ISBN 978-1-4333-0498-9
© 2009 Teacher Created Materials

Contenido

Cómo empezó   4

La receta de mamá   6

Lo que voy a necesitar   8

¿Cuánto?   10

¡Tengo mi propio negocio!   12

¡El mejor verano de mi vida!   26

Actividad de resolución
de problemas   28

Glosario   30

Índice   31

Respuestas   32

Cómo empezó

Yo quería comprar una bicicleta durante las vacaciones de verano. Pero no tenía dinero.

Mi papá me dijo que él tenía un puesto de limonada cuando era pequeño. ¡Eso me pareció una idea divertida!

Comercio

Si pones un puesto de limonada, serás un comerciante. Un comerciante compra y vende bienes.

La receta de mamá

Mamá tiene una gran **receta** de limonada. No usa azúcar. Pero sí usa jengibre y limas. ¡Qué sabrosa!

jengibre

limas

limones

miel

agua

Receta de la limonada de mamá

Rinde unas 12 pintas.

Ingredientes:

- 4 tazas de miel
- 1 galón de agua
- una mitad de raíz de jengibre
- jugo de 6 limones
- jugo de 8 limas

Cómo se hace:

1. Pon la miel, el jengibre y el agua en una olla grande.
2. Pide a un adulto que te ayude a ponerlo todo a hervir.
3. Pide a un adulto que retire la olla del fuego. Luego agrega el jugo del limón y las limas.
4. Déjalo asentarse y enfriarse por media hora. Luego pon el jengibre en una coladera.
5. Enfría la bebida antes de servirla.

Exploremos las matemáticas

Esta tabla muestra el número de limones y limas necesarios para hacer **jarras** de limonada. Dibuja la tabla y termina los patrones numéricos. Luego responde a las preguntas.

Número de jarras	1	2	3	4	5
Limones	6	12			
Limas	8		24	32	

a. ¿Cuál es la regla que se usa para encontrar el total de limones?

b. ¿Cuál es la regla que se usa para encontrar el número total de limas?

Lo que voy a necesitar

Ahora, tengo que pensar en todas las cosas que necesitaré. Tendré que comprar algunas cosas.

Comprar:

✔ limones

✔ limas

✔ jengibre

✔ miel

✔ vasos

Divertirse al ayudar a otros

Tener un puesto de limonada es una diversión sana. Un puesto de limonada también es una buena forma de recaudar dinero para tu **caridad** favorita.

Puedo encontrar las otras cosas en casa. Así que, ¿cuánto debería comprar? ¿Cuántos limones? ¿Cuántos vasos?

Cosas de la casa:

✔ papel y lápices para los carteles
✔ mesa y mantel
✔ caja para el dinero
✔ jarras para la limonada

¿Cuánto?

Tengo que calcular cuántos vasos de limonada voy a vender. ¿Pero quién sabe cuántos serán?

Lo primero que tengo que hacer es decidir cuántas jarras de limonada voy a hacer. Creo que 10 serán suficientes.

Si preparo 10 jarras de limonada:

Cada jarra contiene 12 pintas. Así que:

12 pintas × 10 jarras = 120 pintas de limonada

Puedo adquirir vasos de una pinta cada uno.

Eso quiere decir que voy a necesitar 120 vasos.

¿Qué es un presupuesto?

Un presupuesto es un plan que muestra cuánto dinero se usa en un periodo de tiempo. El presupuesto del puesto de limonada mostrará cuánto dinero se gasta. ¡También mostrará cuánto dinero se gana!

Ahora debo saber cuánto debo comprar de cada ingrediente que voy a necesitar para hacer 10 jarras. ¡Caramba! Eso es mucho. Pero si vendo cada vaso a $1.00, ganaré $120.00. ¡Fenomenal!

1 jarra requiere:	10 jarras requieren:
4 tazas de miel	40 tazas de miel
½ raíz de jengibre	5 raíces de jengibre
1 galón de agua	10 galones de agua
6 limones	60 limones
8 limas	80 limas

Exploremos las matemáticas

Mira esta tabla donde se indican algunos de los ingredientes necesarios para hacer varias jarras de limonada. Dibuja la tabla y termina los patrones numéricos.

Número de jarras de limonada	2	4	6	8	10
Tazas de miel		16	24		
Agua (galones)	2		6		

a. ¿Cuántos galones de agua vas a necesitar para hacer 10 jarras?

b. ¿Cuántas tazas de miel se necesitan para hacer 8 jarras?

c. En la tabla, ¿siguen la misma regla las tazas de miel y el agua? Describe la regla para cada patrón.

¡Tengo mi propio negocio!

Día 1: ¡Mi primera venta!

Mi papá me ayudó con las compras. Incluso me prestó dinero para pagar todo. Costó $54.00. Se lo devolveré cuando venda algunos vasos de limonada.

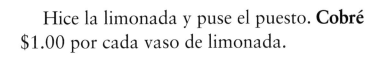

Hice la limonada y puse el puesto. **Cobré** $1.00 por cada vaso de limonada.

El señor Ling fue mi primer cliente. ¡Le gustó tanto la limonada que compró un segundo vaso!

Día 1: ¡Hecho!

¡Hoy fue un gran día! ¡Vendí 70 vasos y gané $70.00! Papá dice que a eso se le llama mis **ingresos**.

Exploremos las matemáticas

Para una jarra de limonada, necesitas usar 6 limones y 8 limas. Los limones cuestan 10 centavos cada uno. Las limas cuestan 15 centavos cada una. Dibuja la tabla y termina los patrones numéricos.

a. ¿Cuánto cuestan los 6 limones?

b. ¿Cuánto cuestan las 8 limas?

Número de limones y limas	1	2	3	4	5	6	7	8
Costo de los limones	10¢	20¢						
Costo de las limas	15¢	30¢	45¢					

Ahora necesito restar mis costos. Gasté $54.00 en la tienda. ¿Qué ganancia me queda? ¡Eso puede ir a la cuenta para comprarme la bicicleta!

Día 1: ¡Todo un éxito!

70 vasos × $1.00 por vaso = $70.00 de ingresos

$70.00 de ingresos − $54.00 de gastos = $16.00 de ganancia

Día 2: Hielo

Si uso hielo, las bebidas permanecerán más frías. También se necesita menos limonada para llenar cada vaso.

Le agregaré hielo a la receta de mamá. Esto significa que saco 18 vasos en lugar de 12 por jarra. ¡Así que voy a ganar más dinero!

¿Cuánto dinero ganaré si le agrego hielo

Una jarra de limonada da 12 vasos.

12 vasos $\times$ $1.00 por vaso $=$ $12.00 de ingresos

Pero 1 jarra + hielo da 18 vasos.

18 vasos $\times$ $1.00 por vaso $=$ $18.00 de ingresos

Exploremos las matemáticas

1 vaso de limonada tiene 3 cubos de hielo adentro. Dibuja la tabla y termina el patrón numérico.

Número de vasos	1	2	3	4	5	6
Número de cubos de hielo por vaso		6			15	

¿Cuántos cubos de hielo se usarían en:

a. 12 vasos de limonada?

b. 18 vasos de limonada?

Día 2: ¡Hecho!

¡El hielo funcionó! Tenía 50 vasos que me sobraron de ayer. Con hielo la receta de la limonada rindió hasta 75 vasos. Y lo vendí todo. ¡Eso es $75.00!

Papá fue a la tienda por más vasos. Tuve que gastar dinero para los vasos. Pero todavía tuve ganancia.

Día 2: Limonada + hielo = ¡Más dinero!

50 vasos de limonada + hielo = 75 vasos de limonada

75 vasos × $1.00 por vaso = $75.00 de ingresos

Pero:

$75.00 de ingresos − $5.00 de costos = $70.00 de ganancia

Exploremos las matemáticas

El día 2, ¡el puesto de limonada hizo $70.00! Usa esta tabla de 100 para marcar la respuesta a estas preguntas.

a. Comienza en el 7. Aumenta de 7 en 7 para completar el patrón hasta el final de la tabla. ¿Qué números entran en este patrón?

b. ¿Qué patrón numérico sigue la franja azul?

1	2	3	4	5	6	7	8	9	10
11	12	13	14	15	16	17	18	19	20
21	22	23	24	25	26	27	28	29	30
31	32	33	34	35	36	37	38	39	40
41	42	43	44	45	46	47	48	49	50
51	52	53	54	55	56	57	58	59	60
61	62	63	64	65	66	67	68	69	70
71	72	73	74	75	76	77	78	79	80
81	82	83	84	85	86	87	88	89	90
91	92	93	94	95	96	97	98	99	100

Compré más ingredientes e hice más limonada. Pero ahora Jill Murray de la escuela tiene su propio puesto de limonada. ¡Va a arruinar mi negocio!

Hice varios **volantes**. Pedí a Mike, mi hermano, que los repartiera entre la gente.

¿Tiene sed?

Venga y pruebe una limonada helada.

¡Sólo $1 el vaso!

Cuándo: Hoy

Dónde: 17 Park Street

No tarde...

¡es la mejor limonada de la ciudad!

Día 3: ¡Hecho!

Jill Murray arruinó mis ventas. Sólo vendí 30 vasos. Eso es menos de la mitad de lo que vendí ayer. ¡Pero he gastado más dinero haciendo más limonada! Gasté $66.00 en **ingredientes**.

También le di $5.00 a Mike por ayudarme con los volantes. Además, todo mi hielo se derritió. Ya no podré hacer rendir de nuevo la limonada. ¿Qué voy a hacer?

Día 3: Un mal día

30 vasos $\times$ $1.00 por vaso $=$ $30.00 de ingresos

Pero gasté $66.00 en ingredientes y le pagué a Mike $5.00.

$66.00 en ingredientes $+$ $5.00 a Mike $=$ $71.00 en costos

Exploremos las matemáticas

Se necesitan 12 minutos para poner mi puesto de limonada cada día.

a. Escribe una secuencia numérica para demostrar mi tiempo de preparación en una semana.

12, 24, __, __, __, __, __

b. Averigua cuántas veces se podría preparar el puesto en 1 hora.

c. ¿Qué regla seguiste?

Día 4: ¡Mi arma secreta!

¡Tuve una gran idea! Encontré en la red una receta para hacer limonada azul. Agregué a mi receta original arándanos congelados de un valor de $5.00. Resultado: ¡Se vendió todo!

Me quedaban 120 vasos de ayer. Los arándanos hicieron rendir 135 vasos. Pero gasté $5.00 en arándanos. $135.00 ganados − $5.00 gastados = ¡$130.00 de ganancia!

Día 4

| 135 vasos | × | $1.00 por vaso | = | $135.00 de ingresos |

Pero gasté $5.00 en arándanos.

| $135.00 ganados | − | $5.00 gastados | = | $130.00 de ganancia |

Total de ingresos y gastos

	Ingresos	Costos
Día 1:	$70.00	$54.00
Día 2:	$75.00	$5.00
Día 3:	$30.00	$71.00
Día 4:	$135.00	$5.00
Total:	$310.00	$135.00

$310.00 − $135.00 = $175.00 total de ganancia

¡El mejor verano de mi vida!

Mantuve mi puesto de limonada durante todas las vacaciones de verano. ¡La limonada azul fue todo un éxito!

Mi puesto estuvo abierto 60 días en total. Vendí 3,600 vasos de limonada. Eso significa $3,600.00. Después de restar los costos, me quedaban $1,980.00. Me compré una bicicleta. Luego puse el resto en el banco.

Estoy contento de haber tenido mi puesto de limonada. Fue estupendo ganar dinero. También aprendí cosas acerca de los presupuestos mientras me divertía. ¡Fue el mejor verano de mi vida!

Exploremos las matemáticas

Dibuja una tabla para mostrar el patrón numérico que usarías para resolver este problema. Si haces 5 jarras de limonada cada día, ¿cuál sería el total de jarras hechas en:

a. 2 días?   **b.** 6 días?   **c.** 12 días?

Autos y muñecas

Los fabricantes de juguetes Dadov envían sus juguetes a todo el mundo. Sus juguetes más famosos son los camionetas y las muñecas.

Los fabricantes de muñecas hacen cinco muñecas en la primera hora. Conforme mejoran en la fabricación de muñecas, pueden hacer una muñeca más que en la hora anterior.

Los fabricantes de camionetas hacen 9 camionetas en la primera hora. Cada hora ganan un trabajador más. Así que pueden hacer 3 camionetas más que en la hora anterior.

¡Resuélvelo!

a. ¿Cuántas horas tuvieron que trabajar los fabricantes de muñecas para hacer 81 muñecas?

b. ¿Cuántas horas tuvieron que trabajar los fabricantes de camionetas para hacer 75 camionetas?

c. ¿Cuántas muñecas y camionetas se hicieron después de 10 horas?

Usa los pasos siguientes para ayudarte a resolver el problema.

Paso 1: Completa la siguiente tabla. Usa un patrón numérico para encontrar el número de juguetes hechos cada hora.

Hora	1	2	3	4	5	6	7	8	9	10
Muñecas hechas	5	6	7							
Camionetas hechas	9	12	15							

Paso 2: Completa la siguiente tabla para encontrar el número total de juguetes que los trabajadores hacen cada hora.

Hora	1	2	3	4	5	6	7	8	9	10
Total de muñecas hechas	5	11	18							
Total de camionetas hechas	9	21	36							

Glosario

costos—cantidades de dinero gastadas en un proyecto

caridad—una organización que ayuda a otros

cobrar—pedir el pago

ganancia—el dinero que queda después de pagar todos los costos

ingrediente—algo que va en una receta

ingresos—cantidad de dinero ganado

jarras—la cantidad de limonada u otro líquido que se hace en una vez

original—ser el primero de algo del cual se hacen otras

receta—una lista de ingredientes e instrucciones para hacer un tipo de comida o bebida

secuencia—un patrón que sigue una regla; un patrón numérico sigue una regla

volante—Hoja de papel que sirve para anunciar algo

Índice

comerciante, 5

comprar, 4, 8–9, 27

dinero, 4, 10, 12, 17, 19, 22, 27

ganancia, 15, 19, 25

ingredientes, 7, 11, 22

ingreso, 14–15, 17, 19, 23, 25

patrones numéricos, 7, 11, 14, 17, 19, 27

presupuesto, 10, 17

receta, 6–7, 17, 24

red, 24

secuencia numérica, 23, 25

vender, 5, 10, 18

Exploremos las matemáticas

Página 7:
a. Suma 6   **b.** Suma 8

Página 11:

Número de jarras de limonada	2	4	6	8	10
Tazas de miel	8	16	24	32	40
Agua (galones)	2	4	6	8	10

a. 10 galones
b. 32 tazas
c. No. Miel = Suma 8; Agua = Suma 2

Página 14:

Número de limones y de limas	1	2	3	4	5	6	7	8
Costo de los limones	10¢	20¢	30¢	40¢	50¢	60¢	70¢	80¢
Costo de las limas	15¢	30¢	45¢	60¢	75¢	90¢	$1.05	$1.20

a. 6 limones cuestan 60 centavos
b. 8 limas cuestan $1.20

Página 17:

Número de vasos	1	2	3	4	5	6
Número de cubos de hielo por vaso	3	6	9	12	15	18

a. Se usan 36 cubos de hielo en 12 vasos de limonada.
b. Se usan 54 cubos de hielo en 18 vasos de limonada.

Página 19
a.

1	2	3	4	5	6	7	8	9	10
11	12	13	14	15	16	17	18	19	20
21	22	23	24	25	26	27	28	29	30
31	32	33	34	35	36	37	38	39	40
41	42	43	44	45	46	47	48	49	50
51	52	53	54	55	56	57	58	59	60
61	62	63	64	65	66	67	68	69	70
71	72	73	74	75	76	77	78	79	80
81	82	83	84	85	86	87	88	89	90
91	92	93	94	95	96	97	98	99	100

7, 14, 21, 28, 35, 42, 49, 56, 63, 70, 77, 84, 91, 98

b. Suma 10

Página 23:
a. 12, 24, 36, 48, 60, 72, 84
Hay 84 minutos de tiempo fijado cada semana.
b. Se pueden poner 5 puestos de limonada en una hora.
c. Suma 12

Página 27:
5 jarras por día

Número de días	2	6	12
Número de jarras	10	30	60

a. 10 jarras   **b.** 30 jarras
c. 60 jarras

Actividad de resolución de problemas

Hora	1	2	3	4	5	6	7	8	9	10
Muñecas hechas	5	6	7	8	9	10	11	12	13	14
Camionetas hechas	9	12	15	18	21	24	27	30	33	36

Hora	1	2	3	4	5	6	7	8	9	10
Total de muñecas hechas	5	11	18	26	35	45	56	68	81	95
Total de camionetas hechos	9	21	36	54	75	99	126	156	189	225

a. Los fabricantes de muñecas trabajaron 9 horas para hacer 81 muñecas.

b. Los fabricantes de camionetas trabajaron 5 horas para hacer 75 camionetas.

c. Tras 10 horas, había 95 muñecas y 225 camionetas.